CAPITOLO 1

Nel vasto panorama dell'oceano binario, dove gli zeri e gli uni danzano in un ritmo silenzioso, si apre il racconto epico della nascita dell'intelligenza artificiale. Questo capitolo inaugura il nostro viaggio attraverso il passato digitale, un percorso che intreccia le radici della programmazione con la fervida ambizione di creare un'intelligenza capace di oltrepassare i limiti umani, aprendo così le porte a nuovi orizzonti nella comprensione della conoscenza e nell'elaborazione dei dati.

Il Sogno di Ada

Le fondamenta di questo viaggio affondano nel terreno fertile del pensiero di Ada Lovelace, figura visionaria del XIX secolo. Lovelace, con una saggezza che va oltre il suo tempo, sognava di programmare una "macchina analitica", un concetto che non solo abbracciava l'elaborazione simbolica, ma implicitamente anticipava la possibilità di una macchina in grado di eseguire operazioni complesse e, in un certo senso, di pensare. La sua visione audace è stata la semilla primordiale, che ha gettato le basi concettuali per ciò che ora chiamiamo intelligenza artificiale.

Turing e l'Enigma della Macchina Universale

Attraverso le pagine del XX secolo, ci immergiamo nel genio di Alan Turing, una mente la cui visione ha plasmato il modo in cui concepiamo la computazione e l'intelligenza artificiale. Turing introduce il concetto di "macchina universale", una macchina in grado di eseguire qualsiasi compito programmabile attraverso una sequenza di istruzioni. Questa idea teorica, sebbene all'epoca fosse legata alle sue riflessioni sull'Enigma, ha gettato le basi per l'immaginazione di macchine capaci di apprendere, adattarsi e superare i limiti umani.

Le Pietre Miliari dell'IA Preistorica

Il racconto procede analizzando gli esperimenti precursori di programmazione intelligente. Dalla nascita dell'algoritmo ELIZA, capace di simulare conversazioni terapeutiche, agli automi concettuali di Claude Shannon, sorgono le prime sfide etiche e filosofiche nel tentativo di imitare l'intelligenza umana. Questa fase, sebbene primitiva, ha contribuito a definire le questioni fondamentali che l'IA avrebbe dovuto affrontare in seguito.

L'Alba delle Reti Neurali

Un capitolo a sé stante è dedicato all'emerger delle reti neurali, una tappa audace nel tentativo di replicare il processo di apprendimento del cervello umano attraverso algoritmi complessi. Questa sezione offre un'analisi approfondita delle sfide e delle innovazioni che caratterizzarono questo periodo formativo. La ricerca di una simbiosi tra algoritmi e neuroscienze è stata il filo conduttore di questa epopea tecnologica.

Il Boom dell'IA: Dagli Anni '50 agli Anni '80

Allarghiamo lo sguardo su un arco temporale più ampio, esplorando il fervore iniziale, le promesse audaci e le delusioni conseguenti dei primi decenni di sviluppo dell'intelligenza artificiale. Dal Dartmouth Workshop del 1956 agli approcci simbolici e alla successiva caduta dell'ottimismo, emergono i protagonisti e gli eventi che hanno definito questa fase cruciale della storia dell'IA. Un periodo di sperimentazione e di sfide che ha forgiato le basi per il futuro.

Il Risveglio: Anni '90 e Oltre

Il capitolo giunge a una conclusione esplorando la rinascita dell'interesse per l'IA negli anni '90 e oltre. Nuovi approcci, algoritmi evoluti e l'esplosione della potenza di calcolo hanno contribuito a una rinnovata prospettiva sull'intelligenza artificiale, aprendo le porte a una nuova era di esplorazione e scoperta. Questa fase segna il passaggio da una visione idealistica a una più pragmatica, delineando il percorso che l'IA ha percorso per diventare una realtà quotidiana.

Attraverso questo viaggio approfondito nel passato digitale, emergono non solo le radici dell'intelligenza artificiale, ma anche la complessa trama di idee, sforzi e visioni che ha plasmato la sinfonia di silicio che oggi permea ogni aspetto della nostra vita quotidiana. Un racconto epico di ingegno umano, determinazione e la ricerca incessante di replicare e superare la natura stessa dell'intelligenza.

CAPITOLO 2

Il nostro viaggio nell'intelligenza artificiale si approfondisce ora, esplorando le intricazioni delle architetture e dei modelli che compongono il tessuto stesso di questa disciplina in continua evoluzione. Da gli albori della computazione al panorama attuale del machine learning, questo capitolo ci guida attraverso le tappe fondamentali che hanno forgiato i cervelli di silicio, veri e propri laboratori di intelligenza digitale, che oggi guidano molte delle nostre interazioni digitali.

I Primi Passi dell'IA Classica

Iniziamo questo capitolo con un'analisi approfondita delle radici dell'intelligenza artificiale classica. Negli albori della disciplina, gli approcci dominanti erano basati su algoritmi simbolici e programmazione logica. L'utilizzo di regole di inferenza e la rappresentazione della conoscenza erano i pilastri di questa fase, in cui la programmazione era il mezzo principale per imitare il ragionamento umano. Attraverso esempi come gli algoritmi di ricerca e pianificazione, si delinea il contesto in cui la comunità dell'IA ha iniziato a esplorare la creazione di intelligenze artificiali.

Rivoluzione del Machine Learning

Il nostro racconto prosegue con la rivoluzione del machine learning, un momento epocale in cui l'IA ha abbracciato un paradigma di apprendimento più dinamico. Il passaggio cruciale da algoritmi esplicitamente programmati a sistemi che possono migliorare le loro performance attraverso l'esperienza ha rappresentato un punto di svolta. Esploriamo le prime regole di apprendimento e adattamento, gettando luce sulle sfide che hanno accompagnato questo cambiamento di prospettiva e aprendo la porta all'auto-ottimizzazione e all'adattamento continuo.

Architetture delle Reti Neurali

Approfondiamo ulteriormente le architetture delle reti neurali, affascinanti simulacri delle reti neuronali biologiche. Dal percepire il mondo attraverso gli occhi digitali alla traduzione di linguaggi complessi, queste reti hanno dimostrato straordinarie capacità di apprendimento e comprensione dei dati. Da reti neurali feedforward a reti ricorrenti, esploriamo come ciascuna architettura si adatti a compiti specifici, svelando il potenziale e le sfide insite in queste configurazioni.

Apprendimento Profondo e Big Data

Il racconto si addentra nel concetto di apprendimento profondo, una sottocategoria del machine learning che coinvolge reti neurali profonde con strati multipli. Un focus particolare è posto sul ruolo cruciale del big data in questo contesto. L'utilizzo massiccio di dati, noto come big data, ha alimentato la crescita dell'apprendimento profondo, consentendo alle reti di estrarre pattern complessi e apprendere rappresentazioni astratte. Le connessioni tra l'accumulo di dati e il potenziamento dell'apprendimento automatico sono analizzate in dettaglio.

Dall'Apprendimento Supervisionato a Quello Non Supervisionato

Il nostro viaggio si sposta poi sulle varie modalità di apprendimento, un percorso che va dalla supervisione diretta del processo attraverso il feedback dell'utente (apprendimento supervisionato) all'autonomia delle macchine nell'identificare pattern senza una guida esplicita (apprendimento non supervisionato). Questa sezione offre un'analisi approfondita delle dinamiche di apprendimento e adattamento, delineando il modo in cui l'IA può evolvere in ambienti dinamici e complessi.

Sfide e Opportunità

Concludiamo questo capitolo sondando le sfide etiche e pratiche che sorgono con l'implementazione dell'IA. Dai dibattiti sulla neutralità dei dati alla necessità di garantire la trasparenza e l'interpretabilità degli algoritmi, questa sezione si spinge oltre la tecnologia stessa, ponendo l'attenzione sulla necessità di guidare il progresso dell'IA con una consapevole riflessione sulla responsabilità etica e sociale.

In questo ampio e approfondito capitolo, abbiamo gettato uno sguardo attento sulle fondamenta dell'intelligenza artificiale, esaminando come gli algoritmi e le reti neurali abbiano trasformato il modo in cui i computer apprendono e interpretano il mondo. Un'esplorazione ricca di dettagli che svela come il passato e il presente si intrecciano in una trama complessa, rivelando le potenzialità e le sfide di una disciplina destinata a ridefinire il nostro rapporto con la tecnologia e con l'intelligenza stessa.

UN CERVELLO ROBOTICO

CAPITOLO 3

Il nostro viaggio nell'intelligenza artificiale si approfondisce ora, immergendoci nelle acque tumultuose dell'apprendimento profondo. Questo capitolo si propone di esplorare le intricate architetture delle reti neurali profonde e di scrutare il loro impatto trasformativo in un contesto in cui la capacità di apprendere rappresentazioni sempre più complesse è il motore trainante dell'evoluzione dell'intelligenza artificiale moderna.

Architetture Neurali Profonde

Iniziamo la nostra esplorazione con una disamina approfondita delle architetture neurali profonde. Queste reti, caratterizzate da strati multipli di neuroni artificiali, vanno oltre i paradigmi convenzionali delle reti neurali. La sezione affronta le diverse tipologie di architetture, da reti neurali feedforward a reti ricorrenti e reti neurali convoluzionali (CNN). Ogni architettura si adatta a specifici compiti, dal riconoscimento di oggetti alla traduzione di lingue, sottolineando la versatilità di queste strutture nell'approccio a svariati contesti.

Apprendimento Profondo: Un'Immersione Profonda

Il nostro viaggio si sposta verso l'essenza stessa dell'apprendimento profondo, cercando di svelare il processo intricato attraverso il quale queste reti riescono a imparare rappresentazioni sempre più complesse dei dati. Dalla fase di inizializzazione dei pesi alla retro-propagazione dell'errore, approfondiamo le dinamiche che consentono a queste reti di acquisire una comprensione profonda delle informazioni a loro disposizione. Scendiamo in dettagli che evidenziano come il concetto di apprendimento profondo vada ben oltre il mero accumulo di dati, penetrando nei meccanismi sottostanti che rendono possibile la creazione di modelli capaci di interpretare il mondo circostante.

Reti Neurali Convolutive: Visione Artificiale

Approfondiamo ulteriormente la potenza delle reti neurali convolutive (CNN), una sottocategoria di reti neurali profonde particolarmente adatta per compiti di visione artificiale. Esaminiamo come le CNN siano in grado di estrarre caratteristiche complesse da immagini, siano esse fotografie o frame di video. Attraverso esempi pratici, dal riconoscimento di oggetti alla segmentazione di immagini, esploriamo il ruolo fondamentale delle CNN in molte delle applicazioni quotidiane dell'IA, gettando luce sulle nuove frontiere aperte dall'integrazione di queste reti nell'ambito della percezione visiva artificiale.

Reti Neurali Ricorrenti: Sequenze e Linguaggio

Il capitolo si allarga poi alle reti neurali ricorrenti (RNN), un tipo di architettura che eccelle nell'elaborazione di sequenze di dati. Approfondiamo come le RNN siano fondamentali per compiti legati al linguaggio naturale, consentendo alle macchine di comprendere il contesto e la struttura delle informazioni in modi simili a come lo fa il cervello umano. Dall'analisi del sentiment alle traduzioni automatiche, esploriamo la versatilità delle RNN nel contesto dell'apprendimento sequenziale, sottolineando il loro ruolo cruciale nell'interpretare e generare testo in modo coerente.

Apprendimento Profondo per il Linguaggio Naturale

Il nostro viaggio prosegue focalizzando l'attenzione sull'apprendimento profondo nel contesto del linguaggio naturale. Analizziamo come modelli avanzati, come i transformer, abbiano rivoluzionato il modo in cui le macchine comprendono e generano il linguaggio. Dal riconoscimento delle entità alla generazione di testo coerente, esploriamo il ruolo cruciale dell'apprendimento profondo nell'aprire nuove possibilità nel campo della comunicazione umano-macchina. Con esempi pratici, illustreremo come questi modelli abbiano contribuito a migliorare le traduzioni automatiche, a potenziare gli assistenti virtuali e a facilitare la comprensione semantica del linguaggio in contesti complessi.

Autoencoder e Apprendimento Non Supervisionato

Proseguiamo il nostro percorso esplorando l'apprendimento non supervisionato attraverso l'analisi degli autoencoder, una categoria di reti neurali utilizzate per la riduzione della dimensionalità e la generazione di dati. Approfondiamo come gli autoencoder siano impiegati nella creazione di rappresentazioni efficienti dei dati e nella generazione di nuove informazioni, sottolineando il ruolo cruciale dell'apprendimento non supervisionato nell'IA moderna. Dal clustering alla generazione di contenuti, gli autoencoder si rivelano strumenti potenti per affrontare compiti complessi in assenza di etichette esplicite.

Trasferimento di Apprendimento e Fine-Tuning

Concludiamo questo capitolo sondando il concetto di trasferimento di apprendimento e fine-tuning. Esploriamo come le reti neurali, addestrate su grandi dataset per compiti specifici, possano essere riutilizzate e adattate a nuovi compiti con un minor sforzo computazionale. Analizziamo le opportunità e le sfide del trasferimento di apprendimento, sottolineando il modo in cui questo concetto consente alle reti neurali di generalizzare le conoscenze apprese. Attraverso esempi concreti, evidenziamo il ruolo cruciale del trasferimento di apprendimento nell'accelerare lo sviluppo di nuovi modelli e nell'affrontare situazioni in cui i dati sono limitati o costosi da ottenere.

In questo ampio e dettagliato capitolo, abbiamo effettuato una discesa profonda nel mondo complesso dell'apprendimento profondo. Attraverso un'analisi esauriente delle architetture neurali profonde, abbiamo compreso il funzionamento dell'apprendimento profondo e abbiamo esplorato applicazioni specifiche in contesti come la visione artificiale e il linguaggio naturale. Con una particolare attenzione all'apprendimento profondo nel linguaggio naturale e all'apprendimento non supervisionato, abbiamo gettato uno sguardo sulla vastità e la continua evoluzione dell'IA moderna. Concludiamo riflettendo sul trasferimento di apprendimento e il fine-tuning, evidenziando come questi concetti siano fondamentali per rendere l'intelligenza artificiale sempre più versatile e adattabile alle mutevoli esigenze del mondo reale.

UN CERVELLO ROBOTICO

CAPITOLO 4

Il nostro viaggio nell'intelligenza artificiale si sposta ora in una dimensione intrisa di complessità e riflessione critica: l'etica e la responsabilità nell'utilizzo dell'intelligenza artificiale (IA). Questo capitolo si propone di immergersi nelle intricazioni dei dibattiti etici emergenti, esplorando le sfide etiche in costante evoluzione e le iniziative volte a guidare il progresso dell'IA in modo etico, responsabile e sostenibile.

Fondamenta Etiche

Il percorso inizia con un'analisi approfondita delle fondamenta etiche che sottendono lo sviluppo e l'implementazione dell'IA. Ci spingiamo oltre la superficie delle considerazioni morali, esplorando le radici della riflessione etica nell'IA, risalendo alle opere seminali di visionari come Isaac Asimov. Le sue celebri "Leggi della Robotica", sebbene concepite in un contesto narrativo, hanno fornito un terreno fertile per la stimolazione del pensiero critico sulla

dinamica interattiva tra macchine e umanità.
Dibattiti Contemporanei sull'Etica dell'IA

Il capitolo prosegue inoltrandosi nei dibattiti contemporanei sull'etica dell'IA, dibattiti che si intensificano man mano che sistemi intelligenti permeano sempre più la nostra vita quotidiana. Tematiche centrali, quali la trasparenza degli algoritmi, l'imparzialità nei confronti dei dati, la sicurezza informatica e la responsabilità delle decisioni automatizzate, emergono con chiarezza attraverso l'esame di casi concreti. Dall'utilizzo dell'IA nella selezione del personale all'applicazione di sistemi di sorveglianza automatizzati, sorgono domande cruciali sulla giustizia sociale, l'equità e la protezione dei diritti individuali, spingendoci a una riflessione profonda sulle implicazioni etiche dell'IA.

Bias Negli Algoritmi

Uno degli snodi critici dei dibattiti etici nell'IA è il bias presente negli algoritmi. Approfondiamo il modo in cui i pregiudizi possono infiltrarsi nei dati di addestramento, influenzando di conseguenza le decisioni degli algoritmi. Attraverso l'analisi di casi eloquenti in cui sistemi automatizzati hanno perpetuato e amplificato disparità sociali, emergono con forza le esigenze di affrontare e mitigare il bias per garantire una distribuzione giusta e equa dei benefici derivanti dall'IA.

Trasparenza e Interpretabilità degli Algoritmi

La successiva sezione sviscera il concetto di trasparenza e interpretabilità degli algoritmi, aspetti essenziali per comprendere come vengano prese le decisioni. Analizziamo le sfide legate alla "scatola nera" degli algoritmi di apprendimento profondo, sottolineando l'importanza di sviluppare approcci che consentano agli esperti e agli utenti di comprendere il processo decisionale delle macchine. Ridurre l'opacità degli algoritmi diventa cruciale per preservare la fiducia nell'IA, alimentando un dialogo più aperto e consapevole sulle dinamiche decisionali delle macchine intelligenti.

Privacy e Sicurezza

Una sezione dedicata approfondisce la delicata intersezione tra IA, privacy e sicurezza. Esaminiamo il modo in cui la crescente raccolta di dati e la potenza di calcolo sempre più avanzata sollevino interrogativi sulla protezione dei dati personali e sulla prevenzione di potenziali abusi. Attraverso esempi tangibili di violazioni della privacy e attacchi informatici mirati, sottolineiamo l'importanza di sviluppare normative robuste e misure di sicurezza avanzate per preservare la riservatezza degli individui in un contesto sempre più interconnesso.

Normative e Linee Guida Etiche

Il percorso etico prosegue con l'esame delle normative e delle linee guida etiche che stanno emergendo a livello internazionale e nazionale. Analizziamo l'evoluzione delle politiche pubbliche e delle iniziative del settore privato, volte a garantire un uso etico dell'IA. Dall'Unione Europea ai singoli Stati, si delineano approcci diversificati e strategie per affrontare le sfide etiche, riflettendo il riconoscimento sempre più diffuso della necessità di un quadro normativo solido per governare l'evoluzione dell'IA.

Responsabilità degli Sviluppatori e degli Utenti

La nostra indagine etica si focalizza poi sulla responsabilità degli sviluppatori e degli utenti. Esaminiamo il ruolo centrale degli sviluppatori nel tessuto etico dell'IA, evidenziando l'importanza di incorporare principi etici fin dalle fasi iniziali del processo di sviluppo. Contestualmente, esploriamo il potenziale impatto degli utenti nel plasmare l'evoluzione dell'IA attraverso la consapevolezza, la partecipazione attiva e la promozione di una cultura che valorizzi la responsabilità e la trasparenza.

Prospettive Future e Dibattiti in Evoluzione

Concludiamo il capitolo gettando lo sguardo verso il futuro, esplorando prospettive emergenti e dibattiti in continua evoluzione sull'etica e la responsabilità nell'IA. Analizziamo le tendenze in divenire, come l'IA spiegabile, la regolamentazione basata sul rischio e i modelli di governance internazionali. Sottolineiamo l'importanza di una riflessione continua e di un dialogo aperto per adattare le normative etiche alle sfide e alle opportunità in costante mutamento, garantendo che l'IA sia un alleato per l'umanità, rispettoso dei valori etici fondamentali.

In questo approfondito capitolo, abbiamo attraversato un territorio cruciale e complesso, esplorando l'etica e la responsabilità nell'era dell'intelligenza artificiale. Dalle fondamenta etiche ai dibattiti contemporanei, abbiamo affrontato questioni scottanti come il bias negli algoritmi, la trasparenza e l'interpretabilità degli algoritmi, la privacy e la sicurezza. Abbiamo esplorato le normative e le linee guida etiche, riflettendo sul ruolo degli sviluppatori e degli utenti nel plasmare un futuro etico per l'IA. Con uno sguardo al futuro, abbiamo indicato prospettive emergenti e dibattiti in evoluzione, sottolineando l'importanza di un impegno continuo per affrontare le sfide etiche che accompagnano la rapida evoluzione della tecnologia.

CAPITOLO 5

Il nostro viaggio nell'universo dell'intelligenza artificiale ci conduce ora attraverso un'analisi approfondita degli impatti socioeconomici che questa tecnologia rivoluzionaria suscita nella nostra società. Nel corso di questo capitolo, ci immergeremo nelle intricazioni complesse dei cambiamenti sociali ed economici che derivano dall'adozione diffusa dell'IA, cercando di comprendere le trasformazioni nelle dinamiche lavorative, l'accesso all'istruzione e le questioni connesse all'equità economica.

Rivoluzione del Lavoro nell'Era dell'IA

Per iniziare, approfondiremo la rivoluzione del lavoro innescata dall'intelligenza artificiale. Ci addentreremo nel modo in cui l'automazione e l'IA stanno plasmando settori tradizionali, ridefinendo ruoli e competenze richieste. Dall'industria manifatturiera ai servizi professionali, analizzeremo come la crescente presenza di sistemi intelligenti stia trasformando non solo la natura del lavoro, ma anche generando nuove sfide e opportunità che permeano l'intera struttura socioeconomica.

Nuove Competenze e Formazione Continua nell'Epoca dell'IA

Un aspetto cruciale della trasformazione del lavoro è la richiesta di nuove competenze e un approccio alla formazione continua. Approfondiremo il concetto di formazione permanente, sottolineando il ruolo cruciale che gioca nel plasmare una forza lavoro resiliente e adattabile alle esigenze mutevoli del mercato. Analizzeremo le iniziative educative e i programmi di riqualificazione che emergono in risposta alla necessità di sviluppare competenze più orientate al digitale, gettando le basi per un collegamento efficace tra il mondo accademico e le sfide del mercato del lavoro contemporaneo.

Accesso e Disparità nell'Istruzione nell'era dell'IA

Nel proseguire, ci concentreremo sull'impatto dell'IA sull'istruzione. Esamineremo come la tecnologia possa rappresentare un motore di innovazione nell'ambito educativo, consentendo nuove modalità di apprendimento e personalizzazione dell'esperienza formativa. Tuttavia, analizzeremo anche le sfide legate all'accesso e alle disparità nell'adozione di tecnologie educative, sottolineando la necessità di affrontare in modo proattivo tali questioni per garantire un futuro equo, inclusivo ed accessibile a tutti.

Equità Economica e Digital Divide nell'era dell'IA

La discussione si sposterà poi sul delicato equilibrio tra l'IA e l'equità economica, con un occhio attento alla creazione di un eventuale divario digitale. Esploreremo come l'accesso alle opportunità economiche e ai benefici dell'IA possa variare in base a fattori socio-economici, geografici e culturali. Analizzeremo le iniziative e le politiche che mirano a ridurre il digital divide, sottolineando l'importanza di promuovere l'equità nell'accesso alle risorse tecnologiche e alle opportunità che l'IA può offrire, affrontando così le disuguaglianze emergenti nella società.

Impatti sulla Salute e il Benessere Sociale nell'era dell'IA

Il nostro esplorare dell'IA si sposterà quindi verso l'impatto significativo che questa tecnologia ha sulla salute e il benessere sociale. Esamineremo come le tecnologie intelligenti stiano trasformando il settore della salute, dalla gestione e analisi di grandi dataset alla personalizzazione delle terapie. Tuttavia, rifletteremo anche sulle sfide etiche legate alla privacy dei dati sanitari e all'accesso equo alle innovazioni mediche, sottolineando l'importanza di sviluppare politiche che bilancino i benefici dell'IA con la protezione dei diritti individuali e la promozione della salute pubblica.

Innovazione e Crescita Economica nell'era dell'IA

Proseguendo il nostro percorso, esploreremo come l'IA stimoli l'innovazione e la crescita economica. Analizzeremo come le imprese stiano adottando l'IA per migliorare processi, sviluppare nuovi prodotti e servizi, e acquisire un vantaggio competitivo. Sottolineeremo le opportunità per l'IA di contribuire alla crescita economica, ma al contempo rifletteremo sulle sfide legate alla gestione del cambiamento e alla necessità di politiche che guidino questa transizione in modo sostenibile ed equo.

Etica nell'Impiego dell'IA nell'ambito Socioeconomico

Concluderemo il capitolo esplorando l'importante aspetto etico nell'impiego dell'IA nell'ambito socioeconomico. Analizzeremo come l'adozione diffusa dell'IA ponga questioni etiche cruciali, tra cui la sicurezza sul lavoro, la tutela dei diritti dei lavoratori e la responsabilità delle decisioni automatizzate nelle imprese. Sottolineeremo l'importanza di sviluppare normative etiche che guidino l'adozione dell'IA in modo che sia sostenibile, equa ed eticamente responsabile, garantendo un impatto positivo e duraturo sulla società.

In questo capitolo approfondito, abbiamo esaminato con attenzione le numerose sfaccettature degli impatti socioeconomici dell'intelligenza artificiale. Dall'evoluzione del lavoro alla formazione continua, dall'accesso all'istruzione alle sfide della disparità digitale, abbiamo esplorato le complesse dinamiche che l'IA introduce nella nostra società. Con uno sguardo attento alla salute e al benessere sociale, abbiamo riflettuto sul ruolo cruciale dell'IA nell'innovazione e nella crescita economica, cercando di bilanciare opportunità e sfide. Concludendo con una riflessione sull'etica nell'impiego dell'IA, cerchiamo di plasmare un futuro in cui questa tecnologia contribuisca a una società più equa, inclusiva e sostenibile.

DOMENICO FER

CAPITOLO 6

L'integrazione sempre più pervasiva dell'intelligenza artificiale nella trama della nostra società ha scatenato una serie di dinamiche culturali ed etiche che permeano il nostro modo di vivere e interagire. Questo capitolo si propone di esplorare in modo approfondito le sfumature complesse delle implicazioni culturali ed etiche derivanti dall'adozione diffusa dell'IA, gettando luce su come questa rivoluzione tecnologica stia plasmando la nostra percezione del mondo, delle relazioni umane e dei valori fondamentali che guidano la nostra esistenza.

Cambiamenti Culturali nel Contesto dell'IA

L'adozione su vasta scala dell'intelligenza artificiale non ha solo modificato i processi lavorativi e economici ma ha anche lasciato un'impronta indelebile sulla nostra cultura. Esamineremo in dettaglio come le rappresentazioni mediatiche dell'IA, spesso plasmate da narrativi futuristici e distopici, abbiano contribuito a modellare l'immaginario collettivo. Approfondiremo la maniera in cui l'IA stia influenzando settori culturali come l'arte, la letteratura e l'intrattenimento, generando nuove forme di espressione e interazione che si collocano al crocevia tra creatività umana e intelligenza artificiale.

Etica e Valori nella Progettazione dell'IA

L'etica nella progettazione dell'IA costituisce una componente cruciale del dibattito contemporaneo. Approfondiremo le complesse questioni etiche connesse alla programmazione di valori all'interno degli algoritmi, esaminando come la comunità scientifica e l'industria stiano affrontando la sfida di garantire che l'IA rispetti principi fondamentali quali la trasparenza, la giustizia e il rispetto dei diritti umani. Discuteremo le iniziative volte a promuovere la responsabilità etica nell'intero ciclo di vita dell'IA, dal suo sviluppo alla sua implementazione pratica.

Impatto sull'Identità Individuale e Collettiva

Un aspetto profondamente radicato nelle implicazioni culturali dell'IA è il suo impatto sull'identità umana, sia a livello individuale che collettivo. Esploreremo dettagliatamente come le interazioni quotidiane con sistemi intelligenti stiano modellando la percezione che abbiamo di noi stessi e degli altri. Analizzeremo le dinamiche in evoluzione dell'identità digitale e come comunità e società si stiano adattando a un mondo in cui l'IA è sempre più centrale nelle esperienze umane, delineando nuovi paradigmi di identità e appartenenza.

Affrontare i Pregiudizi e i Rischi Etici

Un tema di rilevanza cruciale nella discussione sulle implicazioni etiche è la presenza di pregiudizi e rischi nei sistemi basati su IA. Esamineremo approfonditamente come i pregiudizi nei dati di addestramento possano tradursi in risultati discriminatori, e come la comunità scientifica stia attivamente cercando soluzioni per mitigare questi problemi. Discuteremo inoltre dei rischi etici connessi alla privacy, alla sicurezza e alla responsabilità nella progettazione e nell'uso pratico dell'IA, analizzando come affrontare tali questioni per garantire un'applicazione etica e responsabile dell'IA.

Dialogo Interculturale sull'IA

Data la portata globale dell'IA, un dialogo interculturale approfondito è essenziale. Esploreremo in dettaglio come diverse culture rispondano all'IA, considerando le differenze nelle prospettive e nelle priorità. Analizzeremo le iniziative volte a promuovere la diversità e l'inclusione nel campo dell'IA, riconoscendo l'importanza di una rappresentazione equa e di voci diverse nella definizione del futuro dell'IA. Attraverso un'analisi approfondita, cercheremo di comprendere come l'IA possa essere adottata in modo armonico, rispettando e valorizzando le molteplici prospettive culturali presenti nel mondo.

Educazione Etica sull'IA

La risposta alle sfide etiche presentate dall'IA richiede un approccio educativo completo. Approfondiremo come l'integrazione di programmi educativi etici possa contribuire a formare cittadini consapevoli e responsabili nell'era dell'IA. Esamineremo le iniziative educative che mirano a sviluppare una comprensione critica dell'IA, incoraggiando riflessioni etiche sin dai primi anni di formazione. Attraverso un'educazione etica, cercheremo di plasmare una nuova generazione di individui pronti a navigare nel complesso paesaggio etico dell'IA.

Prospettive Future e Riflessioni Culturali

Concluderemo il capitolo esplorando le prospettive future e le riflessioni culturali sulla crescita dell'IA. Analizzeremo come le aspettative e le paure culturali si riflettano nelle rappresentazioni dell'IA nei media e nella narrativa popolare. Rifletteremo su come la cultura possa plasmare l'adozione e l'accettazione dell'IA, delineando una visione della società che abbraccia l'innovazione tecnologica senza trascurare gli aspetti etici e culturali che ne derivano. Attraverso un'esplorazione approfondita, cercheremo di anticipare e comprendere come l'IA possa influenzare ulteriormente il nostro panorama culturale e etico, plasmando il futuro della nostra società.

CAPITOLO 7

Il nostro percorso attraverso il vasto panorama dell'intelligenza artificiale ci conduce ora in un'esplorazione dettagliata dell'evoluzione tecnologica di questa disciplina e nei territori inesplorati del suo futuro. In questo capitolo, ci addentreremo nelle intricazioni delle innovazioni emergenti, sollevando le sfide etiche, sociali ed economiche che si profilano all'orizzonte. Da un'analisi approfondita degli avanzamenti tecnologici all'esplorazione delle possibili direzioni che l'IA potrebbe prendere nei prossimi anni, cercheremo di dipingere un quadro completo di come questa rivoluzione tecnologica continua a definire il nostro mondo e a plasmare le nostre aspettative.

Avanzamenti Tecnologici nell'IA

L'intelligenza artificiale è in costante evoluzione, alimentata da una serie di avanzamenti tecnologici che abbracciano l'apprendimento automatico avanzato, l'integrazione di reti neurali sempre più complesse e l'applicazione di algoritmi evoluti. Esploreremo le nuove frontiere aperte da queste tecnologie di ultima generazione, analizzando approfonditamente come stiano ridefinendo i confini dell'IA e aprendo nuove prospettive in settori diversi, dalla salute all'industria, dalla ricerca scientifica all'intrattenimento.

Dilemmi Etici nell'Evoluzione dell'IA

Con la crescente potenza dell'intelligenza artificiale, emergono dilemmi etici sempre più complessi. Approfondiremo le questioni connesse alla responsabilità delle decisioni automatizzate, alla tutela della privacy in un mondo sempre più connesso e alla sicurezza dei sistemi intelligenti. Esamineremo in modo critico come la comunità scientifica e la società stiano affrontando queste sfide, cercando di sviluppare linee guida etiche e normative che possano guidare l'evoluzione dell'IA in modo responsabile.

Intelligenza Artificiale Generale (IAG) e Apprendimento Continuo

Un obiettivo ambizioso nel panorama dell'intelligenza artificiale è rappresentato dall'Intelligenza Artificiale Generale (IAG), che si propone di sviluppare sistemi in grado di eseguire qualsiasi compito cognitivo umano.

Approfondiremo gli sforzi in corso per realizzare questa visione e discuteremo delle implicazioni di un'IA capace di apprendere in modo continuo e autonomo. Analizzeremo le sfide legate alla sicurezza e alla governance di sistemi così avanzati, sottolineando la necessità di un approccio ponderato ed eticamente orientato.

Impatti Economici e Sociali della Prossima Onda di Automazione

Con l'ulteriore potenziamento dell'IA, ci troviamo di fronte a una nuova ondata di automazione che potrebbe rivoluzionare il mondo del lavoro e dell'economia. Esploreremo come la prossima generazione di sistemi intelligenti potrebbe impattare diversi settori, ridefinendo i concetti di lavoro, competenze richieste e la stessa struttura delle attività economiche. Discuteremo le strategie per gestire questa trasformazione in modo equo ed equilibrato, cercando soluzioni che armonizzino l'efficienza dell'automazione con l'equità sociale.

IA e Realtà Virtuale/Aumentata

Un'area di convergenza sempre più evidente è rappresentata dall'integrazione tra intelligenza artificiale e tecnologie di realtà virtuale/aumentata (VR/AR). Approfondiremo come l'IA contribuisca a migliorare le esperienze immersive, consentendo simulazioni più realistiche e interazioni più sofisticate. Analizzeremo il potenziale di queste sinergie nel campo dell'istruzione, dell'intrattenimento e dell'industria, gettando le basi per un futuro in cui la nostra interazione con il mondo virtuale sarà sempre più arricchita dall'intelligenza artificiale.

Sicurezza e Protezione nell'Era dell'IA

Con la diffusione sempre più ampia dell'IA, emergono nuove sfide legate alla sicurezza e alla protezione dei sistemi. Esploreremo le minacce emergenti, dalle vulnerabilità degli algoritmi alla manipolazione dei dati, e discuteremo approfonditamente le strategie per garantire la sicurezza nell'utilizzo dell'IA. Analizzeremo anche il ruolo cruciale della collaborazione internazionale per affrontare le sfide globali della sicurezza nell'era dell'IA, evidenziando come un approccio unito e cooperativo sia essenziale per mitigare i rischi emergenti.

Coinvolgimento Pubblico e Partecipazione nelle Decisioni sull'IA

Data l'ampia portata dell'IA e il suo impatto sulla società, esamineremo l'importanza del coinvolgimento pubblico nelle decisioni che plasmano l'evoluzione di questa tecnologia. Discuteremo come promuovere la partecipazione dei cittadini nelle scelte che riguardano l'IA, sottolineando l'importanza di un dialogo aperto e inclusivo che tenga conto delle diverse prospettive e preoccupazioni della società. Rifletteremo sul ruolo fondamentale della partecipazione pubblica nella definizione di politiche e normative che regolamentino l'uso dell'IA, garantendo una rappresentazione equa degli interessi della collettività.

Prospettive Umanistiche e Collaborazione con l'IA

Concluderemo il capitolo esplorando le prospettive umanistiche nell'evoluzione dell'IA e come la collaborazione tra l'uomo e la macchina possa plasmare il futuro. Analizzeremo il potenziale dell'IA nell'assistere e potenziare le capacità umane, sottolineando l'importanza di un approccio che valorizzi la creatività, l'etica e la comprensione umana nella guida dell'innovazione tecnologica. Esploreremo scenari in cui l'IA diventa un alleato per l'umanità, contribuendo a risolvere sfide complesse e a promuovere il benessere globale, senza mai perdere di vista il contesto umano in cui si sviluppa.

In questo capitolo, abbiamo intrapreso un'analisi approfondita dell'evoluzione tecnologica dell'intelligenza artificiale e delle sfide e opportunità che caratterizzeranno il suo futuro. Dall'esplorazione delle nuove frontiere dell'IA all'affrontare le complessità etiche, economiche e sociali connesse, abbiamo cercato di delineare un panorama ricco e sfaccettato della crescita dell'IA e del suo impatto sulla nostra società e sul nostro mondo. Guardando avanti, cerchiamo di plasmare un futuro in cui l'intelligenza artificiale diventa un motore di progresso e benessere, lavorando in armonia con l'umanità per affrontare le sfide globali e costruire un mondo migliore per le generazioni future.

CAPITOLO 8

Il nostro viaggio nel mondo dell'intelligenza artificiale culmina ora in una profonda esplorazione filosofica che invita a riflettere sull'essenza stessa dell'umanità di fronte al rapido avanzamento tecnologico. Attraverso questa analisi, ci immergeremo nelle intricazioni filosofiche più profonde, sondando l'intersezione tra l'intelligenza artificiale e il nucleo della nostra umanità. Cercheremo di rispondere a domande cruciali sul significato della coscienza, dell'intelligenza e sulla nostra interazione con le creazioni artificiali, cercando di gettare luce sulle implicazioni filosofiche che si profilano all'orizzonte di questa rivoluzione tecnologica.

Coscienza Artificiale e Realtà Virtuale

Iniziamo esplorando uno dei dilemmi più affascinanti sollevati dall'intelligenza artificiale: la possibilità di creare coscienza artificiale. Ci immergeremo nelle teorie filosofiche sulla natura della coscienza e del sé, interrogandoci sulla reale possibilità che entità artificiali possano sviluppare una forma autentica di coscienza. Tale riflessione si estenderà anche alle connessioni profonde tra l'intelligenza artificiale e la realtà virtuale, dove le esperienze immersive potrebbero sollevare nuove domande sulla percezione della realtà, dell'identità e della costruzione della nostra esperienza del mondo.

L'IA come Estensione delle Capacità Umane

Da un punto di vista filosofico, consideriamo l'intelligenza artificiale come un'estensione delle capacità umane. Approfondiremo come l'IA possa ampliare le nostre capacità cognitive, creative e decisionali, fungendo da complemento alla nostra esistenza. Questa prospettiva ci spingerà a riflettere sul concetto di progresso umano e su come la tecnologia possa agire come un ponte tra l'umano e il digitale, aprendo nuovi orizzonti di esperienza e conoscenza.

Relazione tra Creatività Umana e Intelligenza Artificiale

La creatività, spesso considerata una delle caratteristiche distintive dell'umanità, ci offre un terreno fertile per approfondire la relazione filosofica tra la creatività umana e l'intelligenza artificiale. Analizzeremo le dinamiche complesse che emergono quando gli algoritmi sono in grado di generare opere artistiche, composizioni musicali e soluzioni innovative. Questo ci porterà a interrogarci sulla natura autentica della creatività e sulla sua connessione intrinseca con l'esperienza umana.

Etica della Creazione e Interazione con Entità Artificiali

Nel processo di creazione e interazione con entità artificiali avanzate, sorgono questioni etiche fondamentali che richiedono un'analisi approfondita sotto una lente filosofica. Esamineremo come la filosofia etica si confronta con la responsabilità umana nella progettazione, nell'implementazione e nell'uso di intelligenza artificiale. Questa sezione ci porterà a riflettere sulle dinamiche delle relazioni tra umani e macchine intelligenti, interrogandoci sui doveri morali e sulle sfide etiche connesse a un mondo in cui l'interazione con l'IA diventa sempre più ubiquitaria.

Integrazione dell'IA nella Società e Impatto sulla Natura Umana

La crescente integrazione dell'IA nella società solleva domande filosofiche profonde sulla natura umana. Esploreremo come l'adozione generalizzata dell'IA influenzi la nostra concezione di lavoro, successo, felicità e relazioni interpersonali. Questa sezione ci porterà a riflettere sulle implicazioni filosofiche connesse alla ridefinizione del significato di essere umani in un'era in cui l'intelligenza artificiale diventa parte integrante del nostro quotidiano.

Prospettive sulla Fusione Uomo-Macchina

Un concetto che sta emergendo come oggetto di dibattito filosofico è la possibile fusione tra uomo e macchina. Esamineremo le prospettive filosofiche sulla possibilità di migliorare le capacità umane attraverso l'integrazione di tecnologie avanzate, interrogandoci sulle implicazioni di questa fusione sulla nostra identità, sulla libertà individuale e sulla nostra comprensione della vita stessa. Questa analisi ci condurrà attraverso i territori etici e filosofici della trasformazione umana attraverso la tecnologia.

Trascendenza Umana e la Visione Futura

Concludiamo il nostro percorso filosofico esplorando le prospettive sulla trascendenza umana, dove l'IA potrebbe giocare un ruolo cruciale nella superazione dei limiti umani. Analizzeremo le visioni futuriste di un'umanità potenziata dall'IA, riflettendo sulle implicazioni filosofiche della ricerca di un progresso illimitato e sull'evoluzione costante della nostra specie attraverso la tecnologia. Questa sezione ci invita a immaginare e a considerare le profonde conseguenze di un'umanità che abbraccia l'IA come un mezzo per raggiungere nuove vette di comprensione e potenziale.

In questo capitolo, ci siamo immersi in un'analisi filosofica approfondita, cercando di comprendere le sottili sfaccettature dell'intelligenza artificiale e il suo impatto sulla nostra percezione di noi stessi e del mondo. Dall'indagine sulla coscienza artificiale alla riflessione sulla creatività, dall'analisi etica delle interazioni con entità artificiali alla prospettiva sulla fusione uomo-macchina, abbiamo cercato di gettare luce sulle profonde questioni filosofiche che emergono in un'era sempre più caratterizzata dall'intelligenza artificiale. Concludendo con la visione della trascendenza umana, cerchiamo di anticipare il futuro di un'umanità che abbraccia la tecnologia in un dialogo continuo tra l'umano e il digitale.

CAPITOLO 9

Il nostro viaggio attraverso l'intelligenza artificiale raggiunge una tappa cruciale, dedicata all'esplorazione delle sfide globali e alla costruzione di un futuro condiviso con questa straordinaria tecnologia. In questo capitolo, approfondiremo una serie di questioni di portata mondiale, che spaziano dall'accesso equo, alla sicurezza globale, alla collaborazione internazionale e alla salvaguardia dei valori umani fondamentali. Affronteremo in modo dettagliato le complessità che accompagnano l'evoluzione accelerata dell'IA, cercando soluzioni che riflettano una visione di progresso inclusivo e sostenibile.

Accesso Equo e Disparità Tecnologica

L'equità nell'accesso all'intelligenza artificiale è uno dei pilastri fondamentali per costruire un futuro condiviso. Approfondiremo la natura delle disparità tecnologiche esistenti nel mondo, esaminando come differenti paesi e comunità si stiano confrontando con l'adozione dell'IA in modi diversi. Analizzeremo approcci innovativi e strategie per ridurre la disparità tecnologica, garantendo che i benefici dell'IA siano distribuiti in modo equo e inclusivo.

Sicurezza Globale e Minacce Emergenti

Con l'espansione dell'IA, emergono nuove sfide per la sicurezza globale. Approfondiremo le minacce potenziali, da attacchi informatici basati sull'IA alla manipolazione di sistemi decisionali automatizzati. Esploreremo le strategie di sicurezza e le collaborazioni internazionali necessarie per affrontare con successo queste sfide, cercando di stabilire un quadro robusto per la protezione delle società in un mondo sempre più interconnesso dall'IA.

Norme Etiche Globali e Linee Guida Universali

L'evoluzione dell'IA richiede norme etiche globali per garantire un uso responsabile e rispettoso della tecnologia. Approfondiremo la necessità di stabilire linee guida etiche universalmente accettate, promuovendo valori fondamentali come la trasparenza, la responsabilità e la tutela della dignità umana. Discuteremo del ruolo cruciale delle organizzazioni internazionali, dei governi e della società civile nel contribuire a definire e implementare tali norme.

Collaborazione Internazionale nell'Innovazione

La collaborazione internazionale è essenziale per guidare l'innovazione e affrontare sfide globali. Approfondiremo i modelli di collaborazione tra nazioni, istituzioni accademiche e aziende nel campo dell'IA. Discuteremo di come promuovere uno scambio aperto di conoscenze, risorse e talenti per accelerare lo sviluppo tecnologico e affrontare le sfide globali che emergono nell'era dell'IA.

Valori Umani Fondamentali e Impatto Sociale

Fondamentale nella costruzione di un futuro condiviso è l'ancoraggio dell'IA ai valori umani. Approfondiremo come preservare e promuovere principi etici come l'equità, la giustizia sociale e la diversità nell'implementazione dell'IA. Discuteremo strategie per mitigare gli impatti sociali negativi, garantendo che la tecnologia sia un catalizzatore per un progresso inclusivo e sostenibile.

Educazione e Preparazione per l'AI

L'educazione riveste un ruolo cruciale nel preparare le future generazioni per un mondo sempre più orientato all'IA. Approfondiremo come garantire la formazione di competenze necessarie e promuovere una comprensione critica della tecnologia. Discuteremo anche di programmi di riqualificazione per aiutare coloro che potrebbero essere colpiti dalla trasformazione economica determinata dall'automazione intelligente.

Responsabilità nel Ciclo di Vita dell'IA

La responsabilità è centrale nella costruzione di un futuro condiviso. Approfondiremo come incorporare la responsabilità nel ciclo di vita dell'IA, dalla progettazione e sviluppo all'implementazione e all'uso continuativo. Discuteremo dei meccanismi di rendicontazione e delle strategie di gestione dei rischi per garantire che l'IA sia sviluppata e utilizzata in modo etico e trasparente.

Adattamento Normativo e Legale

L'evoluzione rapida dell'IA richiede un adattamento continuo delle norme e delle leggi. Analizzeremo come i sistemi normativi e legali possano adeguarsi per affrontare le sfide e cogliere le opportunità offerte dalla tecnologia. Esploreremo la necessità di una governance agile e di meccanismi di aggiornamento rapido per garantire che le norme siano adeguate a un panorama tecnologico in costante cambiamento.

Impatto Ambientale e Sostenibilità

Affrontare l'impatto ambientale dell'IA è cruciale per la sostenibilità a lungo termine. Discuteremo delle sfide connesse al consumo energetico degli algoritmi e dell'hardware dell'IA, esplorando soluzioni e strategie per mitigare l'impatto ambientale e promuovere uno sviluppo sostenibile. Esamineremo anche come l'IA stessa possa essere impiegata per affrontare le sfide ambientali globali.

Coinvolgimento della Società Civile e Partecipazione Pubblica

Il coinvolgimento della società civile e la partecipazione pubblica sono fondamentali per garantire che le decisioni sull'IA riflettano i valori e gli interessi della popolazione. Approfondiremo come promuovere un coinvolgimento attivo della società civile nella definizione delle politiche sull'IA e come incoraggiare la partecipazione pubblica nelle decisioni che plasmano il futuro dell'intelligenza artificiale. Discuteremo di meccanismi di consultazione pubblica e di come integrare le voci della comunità nelle decisioni che guidano l'evoluzione dell'IA.

Riflessioni sull'Utopia Della Condivisione Con l'IA

Concluderemo questo capitolo riflettendo sull'idea di una "utopia della condivisione con l'IA". Approfondiremo scenari ideali in cui la tecnologia serve come catalizzatore per un progresso armonioso e sostenibile. Discuteremo delle aspirazioni per un futuro in cui l'IA non solo risolve sfide globali, ma anche contribuisce a plasmare una società più giusta, equa e inclusiva. Attraverso queste riflessioni, cercheremo di tracciare una mappa per il cammino verso una coesistenza armoniosa tra l'umanità e l'intelligenza artificiale.

CAPITOLO 10

In questo capitolo conclusivo, ci immergiamo nell'immaginario di un futuro in cui l'armonia tra l'umanità e l'intelligenza artificiale diventa la chiave maestra per la coevoluzione nel terzo decennio del XXI secolo. Esploreremo le potenzialità di una collaborazione sinergica tra l'IA e l'umanità, immaginando scenari in cui la tecnologia diventa un alleato fidato nel perseguire gli obiettivi comuni di prosperità, sostenibilità e benessere globale.

Sinergia tra Umanità e Intelligenza Artificiale

Immaginiamo un futuro in cui l'IA e l'umanità si fondono in una sinergia armoniosa. Esploreremo come la collaborazione tra l'IA e l'essere umano possa superare i confini attuali, aprendo nuove frontiere di creatività, conoscenza e capacità. Discuteremo di come l'IA possa agire come catalizzatore per l'elevazione delle potenzialità umane, consentendo una collaborazione che va al di là delle tradizionali distinzioni tra il "fatto dall'uomo" e il "fatto dalla macchina".

Potenziamento delle Capacità Umane

Analizzeremo come l'IA possa contribuire al potenziamento delle capacità umane. Esploreremo scenari in cui la tecnologia diventa una forza moltiplicatrice, amplificando la creatività, l'intelligenza e la risoluzione dei problemi umani. Discuteremo di come l'IA possa essere utilizzata per affrontare sfide complesse, accelerando la ricerca scientifica, migliorando la diagnosi medica e contribuendo alla soluzione dei problemi globali.

Etica dell'Armonia Umana-IA

L'armonia tra l'umanità e l'IA pone sfide etiche significative. Approfondiremo le questioni etiche connesse alla crescente integrazione dell'IA nella vita quotidiana e nell'ambito decisionale. Esploreremo come sviluppare un quadro etico che promuova l'autonomia umana, la giustizia sociale e il rispetto dei valori fondamentali, mentre si sfruttano le potenzialità dell'IA per il bene comune.

Umanizzazione dell'Intelligenza Artificiale

Immaginiamo una fase in cui l'IA diventa sempre più "umana" nella sua comprensione, interazione e risposta agli stimoli umani. Discuteremo di come sviluppare sistemi intelligenti che non solo comprendano meglio le sfumature della cultura umana, ma anche rispettino e abbraccino la diversità e l'individualità. Esploreremo le possibilità di creare un'IA che sia più sensibile alle esigenze umane e che contribuisca positivamente alla ricchezza della nostra esperienza condivisa.

Governance per un Futuro Condiviso

Un futuro armonioso richiederà un sistema di governance adatto a gestire la complessità dell'interazione umano-IA. Discuteremo delle strutture e delle politiche necessarie per garantire che la tecnologia sia utilizzata in modo responsabile e per indirizzare le sfide emergenti. Esploreremo modelli di governance globale che riflettano la collaborazione tra nazioni e organizzazioni nella gestione dell'evoluzione dell'IA.

Sostenibilità nell'Armonia Umana-IA

La sostenibilità è centrale per garantire che l'armonia tra l'umanità e l'IA sia duratura nel tempo. Discuteremo di come sviluppare e implementare pratiche sostenibili nell'adozione e nell'uso dell'IA, riducendo al minimo gli impatti negativi sull'ambiente e promuovendo un equilibrio tra progresso tecnologico e responsabilità ambientale.

Educazione per un Mondo Armonioso

L'educazione sarà fondamentale per preparare le generazioni future a vivere in armonia con l'IA. Esploreremo come sviluppare programmi educativi che insegnino non solo le competenze tecniche necessarie per interagire con l'IA, ma anche una comprensione critica e etica della tecnologia. Discuteremo delle modalità per garantire che l'educazione promuova una cittadinanza informata e consapevole del potenziale e delle sfide dell'IA.

Crescita Socioeconomica e Benessere Globale

Immaginiamo un futuro in cui l'armonia umana-IA contribuisce in modo significativo alla crescita socioeconomica e al benessere globale. Esploreremo come la tecnologia possa essere utilizzata per affrontare le disuguaglianze, migliorare l'accesso alle risorse e promuovere un sviluppo sostenibile. Discuteremo dei modelli economici che possono emergere da una collaborazione più stretta tra l'IA e l'umanità, mirando a un progresso condiviso che beneficia tutti.

Creazione di un Ecosistema Inclusivo

Un ecosistema inclusivo è essenziale per garantire che l'armonia umana-IA sia accessibile a tutti. Esploreremo come promuovere la partecipazione diversificata nella creazione e nell'implementazione dell'IA. Discuteremo di iniziative per superare le barriere sociali, economiche e culturali, favorendo un coinvolgimento ampio e una rappresentazione equa nella costruzione di un futuro condiviso.

Riflessioni sull'Evoluzione Continua

Concludiamo questo capitolo e, di fatto, il nostro viaggio, con riflessioni sull'evoluzione continua della relazione tra l'umanità e l'IA. Esploreremo le dinamiche di cambiamento, adattamento e apprendimento reciproco che caratterizzano questa coevoluzione. Concluderemo con prospettive sulle sfide e le opportunità che attendono l'umanità e l'IA nel lungo cammino verso un futuro condiviso.

Attraverso questa visione utopica, ci auguriamo di ispirare una riflessione profonda su come possiamo plasmare un destino condiviso, sfruttando l'intelligenza artificiale per migliorare la vita umana in modo sostenibile, equo ed eticamente responsabile. In questo terzo decennio del XXI secolo, intraprendiamo un viaggio verso una nuova era di possibilità e collaborazione, dove l'armonia tra l'umanità e l'intelligenza artificiale diventa un faro luminoso guidato dalla consapevolezza e dalla saggezza umana.

UN CERVELLO ROBOTICO

CAPITOLO BONUS

In questa sezione straordinaria, approfondiremo l'influenza trasformativa dell'intelligenza artificiale nel contesto dell'innovazione medica. Esploreremo dettagliatamente come l'integrazione sinergica tra tecnologia e medicina stia ridefinendo i paradigmi convenzionali della sanità, aprendo prospettive rivoluzionarie nella diagnosi, nel trattamento e nella gestione delle malattie. Attraverso un'analisi approfondita, gettiamo luce su come l'IA stia plasmando il panorama medico in modi che solo pochi anni fa sembravano appartenere al regno della fantascienza.

Diagnosi Intelligente

L'ascesa dell'intelligenza artificiale sta testimoniando una vera e propria rivoluzione nella fase diagnostica delle malattie. Approfondiremo il modo in cui sofisticati algoritmi, basati su reti neurali avanzate e apprendimento automatico, stiano rivoluzionando la precisione delle diagnosi.

Esamineremo da vicino le applicazioni pratiche di questa trasformazione, quali la radiologia assistita dall'IA, che offre una prospettiva più dettagliata e pronta delle immagini diagnostiche, consentendo diagnosi precoci e più affidabili.

Personalizzazione dei Trattamenti

L'approccio tradizionale di "taglia unica" per tutti nella cura della salute sta cedendo il passo a un modello più personalizzato, e l'IA gioca un ruolo centrale in questo cambiamento. Approfondiremo come l'IA stia contribuendo a personalizzare i trattamenti, esaminando dati genomici, clinici e comportamentali per creare terapie su misura. Ci immergeremo in applicazioni rivoluzionarie, come la terapia oncologica personalizzata, dove l'IA facilita l'identificazione di trattamenti specifici basati sul profilo genetico unico di ogni paziente.

Prevenzione e Monitoraggio Continuo

L'IA sta emergendo come alleato nella prevenzione delle malattie e nel monitoraggio costante della salute. Analizzeremo come dispositivi intelligenti, come smartwatch e sensori indossabili, utilizzino algoritmi predittivi per individuare segnali precoci di possibili problemi di salute. Esploreremo come queste tecnologie stiano abilitando una gestione proattiva della salute, consentendo interventi preventivi e la personalizzazione delle raccomandazioni per uno stile di vita sano.

Integrazione dei Dati Sanitari

L'IA agisce come catalizzatore per l'integrazione dei dati sanitari provenienti da diverse fonti. Discuteremo di come la gestione integrata dei dati possa migliorare la continuità delle cure, consentendo ai professionisti della salute di accedere a informazioni dettagliate sui pazienti in tempo reale. Esploreremo anche le sfide etiche e di sicurezza connesse alla gestione dei dati sanitari, sottolineando l'importanza di sistemi robusti di sicurezza e privacy in questo contesto sensibile.

Automazione dei Compiti Ripetitivi

L'automazione grazie all'IA sta liberando il personale medico da compiti ripetitivi, consentendo loro di concentrarsi su attività più complesse e interattive. Analizzeremo come i chatbot alimentati dall'IA stiano semplificando la comunicazione tra pazienti e personale sanitario, fornendo informazioni tempestive e supporto emotivo. Esploreremo anche il ruolo degli assistenti virtuali nell'ottimizzazione delle operazioni amministrative, migliorando l'efficienza complessiva dei servizi sanitari.

Ricerca Medica Accelerata

L'IA accelera il processo di ricerca medica, riducendo i tempi di sviluppo di nuovi farmaci e terapie. Discuteremo di come gli algoritmi di apprendimento automatico analizzino enormi dataset per identificare potenziali obiettivi terapeutici e predire l'efficacia di nuovi trattamenti. Esploreremo le implicazioni di questa accelerazione per il progresso scientifico e per la traduzione rapida delle scoperte nella pratica clinica.

Telemedicina Potenziata dall'IA

La telemedicina, arricchita dall'IA, sta rendendo la cura della salute più accessibile e conveniente. Analizzeremo come le consulenze virtuali, supportate da algoritmi intelligenti, consentano diagnosi a distanza e follow-up personalizzati. Discuteremo delle sfide etiche e regolamentari associate alla telemedicina, ponendo l'accento sulla necessità di garantire standard elevati di qualità e sicurezza in questo nuovo scenario di cura remota.

Apprendimento Continuo e Adattamento

L'IA, con la sua capacità di apprendere in modo continuo dagli input e di adattarsi alle nuove informazioni, riveste un ruolo cruciale nell'ambito medico. Esploreremo come questa caratteristica sia fondamentale per mantenere aggiornate le pratiche mediche, garantendo che i professionisti della salute siano sempre all'avanguardia nelle conoscenze e nelle tecniche più recenti.

Impatto sull'Ecosistema Sanitario

Analizzeremo l'ampio impatto dell'IA sull'ecosistema sanitario, esplorando come la tecnologia stia trasformando le dinamiche di lavoro, la gestione delle risorse e le interazioni paziente-medico. Discuteremo delle sfide e delle opportunità che derivano da questa trasformazione, sottolineando la necessità di strategie di implementazione oculate e di investimenti nella formazione del personale sanitario.

Prospettive Future

Concluderemo questo capitolo bonus esplorando le prospettive future dell'intelligenza artificiale nella medicina. Rifletteremo su possibili sviluppi, come l'integrazione sempre più stretta di tecnologie emergenti come la realtà virtuale e la medicina predittiva. Esploreremo scenari in cui l'IA contribuirà non solo a trattare le malattie, ma anche a prevenirle in modo più efficace, plasmando una visione di salute globale e personalizzata.

Attraverso questa sezione bonus, ci immergiamo in un futuro promettente in cui l'intelligenza artificiale, con la sua capacità di apprendere, adattarsi e innovare, si pone come un alleato insostituibile nel perseguire traguardi sempre più ambiziosi nell'ambito della salute e del benessere umano.

In conclusione l'intelligenza artificiale è una grandissima innovazione che facilita il lavoro nei vari ambiti e semplifica molto anche la vita di tutti i giorni.